förderliche gespreiztheit
abstruse lustlyrik

Robert Zobel

förderliche gespreiztheit
abstruse lustlyrik

Bibliografische Information durch
Die Deutsche Bibliothek:
Die Deutsche Bibliothek verzeichnet diese Publikation in
der Deutschen Nationalbibliografie; detaillierte
bibliografische Daten sind im Internet über
http://dnb.ddb.de abrufbar.

ISBN 9783738633269

denken

denken
ist eine nette
freizeitbeschäftigung
man kann sich schön
hineinlegen
und mit hilfe
des gehirns
überall hinreisen

die grenzen
bestimmt der intellekt
und das boot
das von realität
zum irrealen
durch die hirnflüssigkeit
schippert
heißt
fantasie

wahre abenteuer hat
die welt nicht mehr
zu bieten
der kopf reichlich

alles was ich tue
ist
diese kopferlebnisse

aufzuschreiben
festzuhalten

meinen kopf mit euch
zu teilen

kein titel

gedrückte
geschrumpfte
gedanken
tanzen
unter bambusgrenzen
hindurch

blumenkränze
fallen herab
in den sand
und
bedecken skorpione

die zehen haben
sich eingegraben
halten fest
in der erde
nur der oberkörper
windet sich
gegen den alkohol
aus bunten gläsern

die sonne färbt
die haut
das meeresrauschen
beruhigt
lässt zuhaus vergessen

warum geht man zurück?

in den schlaf

sinnlicher wahn
gereicht in edelstahlspritze
mhh so klare flüssigkeit
und gleich der schmerz
mhh wunderbar
zurücklehnen und
die seele baumeln lassen
an einem strick
an einem ast
an einem baum
in einem park
in meinen gedanken
im krankenhausbett

es überkommt mich
macht mich müde
wirft mich mit brutaler
gewalt in orpheus schoß
oder besser
unter seine füße
quergequetscht
mattgedrückt
in den schlaf gebracht
bewusstlos gestochen
im krankenhausbett

die lider werden zu
magneten

kein koffein öffnet
eine tür zur flucht
dieser saft bettet
unsanft
so abrupt
so gewaltig
gewalttätig
mit übernormaler
macht
stärker als
willensstärke
ich schlafe ein
mit meinen gedanken
im krankenhausbett

malspiel

zeichne den himmel
mit lippenstift
und spucke
auf meinen bauch

zwischen die brustwarzen
eine rote sonne
mit spucke
strahlen
die sich bis zum
nabel ziehen

zwei herzen
mit gesichtern
und
ich bewege den
bauch
und
lass uns tanzen

danach

male einen roten mond
auf meinen rücken

du
mit der spiegelverkehrten
sonne

auf deinen brüsten

mein ende

wie eine feder zu
boden schwebt
so möchte ich sterben
nichts anhäufen
frei sein
nur wissen haben
zum vererben

die sonne
soll dann scheinen
und ein hauch mich
zärtlich treiben
werde noch ein
letztes mal spüren
und dann nichts
mehr schreiben

wie wasserkreise
sich ausbreiten
so will ich vergehn
will selbst den
stein werfen
und am ufer stehn

bis die wellen mich
erreichen
genieße ich noch
ein letztes blatt

drücke meine seele
drauf
und springe dann
in ein wohliges schach matt

zeit

gefangene zeit
erinnert sich
an frühere zeiten
als sie noch nicht gefangen
war
damals ist sie noch gelaufen
von geburt bis tod
bis die menschen sie einfingen
und ewig lebten

palmen im regen

wenn die palmen
ihre haende heben
vor sturm und regen

waschen sie sich
von den hoelzernen achseln
den sonnenschweiss
herab

danach schliessen sich
die arme wieder
zu einer krone
und warten auf die sonne

ein ewiges
nie endendes
naturschauspiel

mein schutz

wenn wer die hand an dich legt
soll er sie verlieren

wer dir einen schrei entlockt
den werde ich aufspüren

jede kränkung
die dir wiederfährt
gebe ich an den verursacher
tausendfach zurück

lass mich dein schutzwall sein
dein beschützer
die rüstung
die deinen zierlichen leib
vor lanzen schützt
dein herz mit liebe
ummantelt

nichts darf dich verletzen
will dein leben sorgenfrei
schlagen

und zum lohn

atme ich dein lachen
deine strahlenden augen
den warmen körper neben mir

die nach glück duftenden haare

mein schutz
und meine liebe
sind dir sicher
sichern dich

diana

meine gedanken
sind gefangen im
labyrinth
diana

sie ziehen die gleichen
bahnen
begrenzt von deinem
geruch
immer
immer
wieder

dein kleiner schmaler mund
wie er sich beim lachen
in die wangen legt

dein dir ins gesicht
fallende haar
wenn du mir aus der höhe
küsse schenkst

die wärme deines körpers
wenn ich dich nachts
in liebe halte

deine stimme
die ich als sanftes instrument

sehe
wenn ich jetzt die augen schließe

all das begrenzt mein denken
fässt meinen horizont

und mehr will
und brauch ich nicht

mein labyrinth diana
will ich niemals
wieder verlassen

mich weiter in ihr verirren

das schlechteste liebesgedicht

bis ans ende der liebe
gehe ich für dich
weine um dich
bleib stark für dich
bin dich
und du mich
und wer nicht
mich und dich
der sich
oder ich mach
ihn
verpiss sich
mag nich
wenn bei du und mich
zwischen sich
irgendwer dich
überhaupt nicht herrlich
vielleicht mal schlich
das ärgert mich

Heute ganz frisch im Angebot! Schwierige
Fälle von Liebesgedichtsschreibern.
Nehmen sie sich ein Gedicht für 10 € mit.
Liegt hier unten aus.
Vielleicht noch einen Hungermacher?
Gibt es da nicht einen anderen Namen
für?
Ok, dann noch einen. Das haben sie dem

Herrn da mit der Mütze zu verdanken, der
hat nämlich ganz dreckig gelacht und
wer mag das schon?

ich halte mich an dir fest
wie ein ast in dem geäst
sag mir bitte wenn ich weh ich tue
dann lass ich dir auch deine ruhe
bin doch dein mann für immer
nie wird das leben schlimmer

willst du meine frau werden
dann schlag ein
nie wieder soll irgendwer von uns
alleine sein

ein ring an deinem schönen finger
mein opapa ist der überbringer
und dann endlich können wir bumsen
die ganzen wände pochen und rumsen
wenn ich dich endlich haben darf
inge salbrecht du bist wirklich scharf

Das ist immer noch nicht das schlechteste
Gedicht. Wir haben hier Unmengen von
Schlechterem. Wahre Goldschätze
schlummern hier vor Ihnen. Was glauben
Sie, wie sie angeben können vor
Kollegen. Sie können das schlechteste
Gedicht abschreiben und als Rundmail

an alle Kollegen versenden. Sie kaufen mit ihren 10 Euro alle Rechte. Ich glaube, aber der nächste Beitrag wird sie überzeugen. Jörg Zitschenzwosar ist der Autor und er trauert seiner toten Frau Juttchen hinterher.

juttchen, juttchen
ich dich vermissen
tutchen
bist ganz doll weg
überall küchendreck
im nächsten leben
bist du aber wieder da
ja? ja? ja? ja?

juttchen, juttchen
willst mir machen
zwei stück bruttchen
hunger hab
zapzarap
im nächsten leben
bist du aber wieder da
ja? ja? ja? ja?

Zu diesem Liebesgedicht gibt es noch weitere Liebeswerke des Künstlers. Alle für sein liebes Juttchen. Auch wir können einmal den Kopf senken und für eine Minute an Juttchen denken. Juttchen

war ein Prachtweib, das Jörg richtig in
Fahrt gebracht hat. Erst im Alter hat er sie
und sie ihn kennen gelernt. Und heute
schreibt Jörg so, wie es Juttchen hören
wollte. Das merkt und spürt man in den
warmen Worten. Bevor ich den Verkauf
freigebe, möchte ich noch ein
Liebesgedicht vortragen, dass ich selber
geschrieben habe. Es gehört zu den
schlechtesten Gedichten in Deutschland
und ist gerade in der
Trashfuckmelodikanthologie erschienen.

mein bordstein vor der tür
den schenk ich nur dir
eigentlich war es mein parkplatz
und nicht der deine
aber nun schenk ich dir ja
die bordsteine
wobei es ist ja strassenteer
aber trotzdem bitte sehr

dir und deiner schönen gestalt
betoniere ich bald
den gesamten körper
mit meinen küssen
das sagt meine stimme mir so
als werd ich es müssen
wie soll ich mich wehren
gegen mund aus erdbeeren

von dir mein ich dich
sei bloß nicht eifersüchtlich

meine teerstrasse vor der tür
gehört jetzt einfach nur sie
fahre deine autoräder
ohne dein gezeter
hier auf meinen alten platz
weil du bist ja jetzt mein schatz

i love you
forever
i miss you
i need you
usw. usw.

Danke und kaufen sie. Kommen sie ran.
Wir haben Gedichte für alle. Danke ja,
dass hab ich selbst geschrieben. Danke,
danke.

prugeln

liebesperlen kullern über den
schulbodenflur
direkt vor anja mit der ich in
die ferien fuhr
ihre kleinen schuhe zerknacken
die kugeln
los alle auf anja und hart verprugeln
ja anja verprugeln
du auch jan
komm schnell her
anja ist hier
die bietet sich gerade an
zum verprugeln
he nicht in den zopf
beißen das tut ihr
doch weh
geb ihr lieber prugel
schöne prugel
anja was ist los?
ach so
wir haben die magenkuhle vergessen
los alle auf die magenkuhle und
prugeln
schön saftig prugeln
und dann alle bedanken
danke anja
für diese prugel
bis zum nächsten mal

bei der nächsten prugelei
vielleicht schon am valentinstag

wobei ?
haben wir da nicht schon
klöppe ausgemacht?
mathias was steht im kalender?

bier

bierbläschen
zerplatzen
auf meinen lippen
wie ein zarter kuss

kalt, warm, feucht

herbt auf der zunge
gleitet durch den
mund
hinterlässt eine
spur aus frische

kalt, warm, feucht

rinnt geschmeidig
an der kehle
das schlucken weich
leis

kalt, warm, feucht

fliesst in den magen
füllt ihn mit gold
steigt in den kopf
entbrennt
ein gedämpftes
feuerwerk

bier, bier, bier

liebesspiel

begrabe alle anderen
frauen
mit einem einzigen
blick von dir

begehre als feder
den hauch deiner
lippen
begrenze alles
auf dich

denken, fühlen, lieben

befriedige erwartungen
geb dir die leiter
zu mir herunter

verzucker die sekunden
mein herz glimmt
in deinem namen

aufpassen das ist ansteckend

orgastische spiele

deine gespreiztheit
ist äußerst förderlich

winkel mich stück
für stück
hindurch

gestalte die reise
mit epiliptischen
einlagen

schöpfe aus dem
blutkreislauf
und schwelle
und weite

strudelgleich zieht es mich
ins warme schwarz
das nass berauscht
luftschlossleicht

narkose fürs gehirn

saloppiere durch den engen gang
benetze die wände
rasple lust aus rosigem rot

kein kabel mehr

ende
ich koppel an

entfalte und verpralle
liege eng an und in

maskuliniere und drehe mich
noch mehr ins fleisch

gebe den takt
nehme den takt
wir sind der takt

weihnachten, silvester, geburtstag
lottogewinn, heiligsprechung, fernreise
zaubern können

und alles in vier sekunden

zungenspiele

deinen bauchnabel würd ich gern
mit meiner zunge bespringen
tauchen bis zum boden
die kleinen riffel spüren
wie ein blinder blindenschrift

dir an den haaren den kopf nach
hinten ziehen
und deinen hals mit meiner zunge
tapezieren
elektrizität erzeugen
die dich seufzen lässt

zur gänze mein rotes wabbelding
einer patrone gleich
in deinen mund schießen
herumwühlen
die muskeln am ende
strapazieren
eine schnalzende
spuckmusik erzeugen

meine zungenwohnung in
deinen kniekehlen
aus dem mund stampfen
einem stempel gleich
über die haut brettern
leicht dabei hauchen

sommerwindgleich

mit überschall und
höchstgeschwindigkeit
den saftigen lederlappen
von deinem zeigefinger
zur leibverankerung
lotsen
fettgewebe ausser acht
lassend
nur herb schmeckend
erleuchten

lebensfreude
meine jugend
im frischen
takt in deinem bunten
ausschnitt legen
deine samtige ummantelung
mit meinen lippen bepudern
schwer fällt die zunge
schweißt sich an deine
höchste rote stelle

deiner schossnot zur
rettung
geh ich auf die knie
belecke sacht
weißen duftausströmenden
slipstoff

exorziere deine lust aus
mit jedem zungenstoß

lege dich aus
ziehe deine beine an
den stoff zu boden
wie ein kerzenschein
begehe ich deine haut
wärme schmiere ich
auf deine schenkel
sanfter druck in deinem
gekräuseltem haar

bringe licht ins dunkle
spalte mit meinem roten
fleischzipfel
deine eingangstüren
nektar gießt sich
in einem herben fluss

meine zunge spielt auf dir
wie auf einer violine
die erinnerung
mein lohn
nehme ich
in meine feuchten träume

kurzbeine

lange dir eine
kurze beine zu

kannst haben
gehören mir nicht mehr
hab ich dir gerade geschenkt
bin nun beinlos
kurze beine los
bin zurückgetreten
als ich noch beine besitzte
von meinen beinen
nun sitze ich
auf stoppelstümmel

das blut benetzt
viel strassenstein
und meine durchblutete haut
durchblutet
angeblutet
von die kurze beine
die du gerade anziehst
aber sind ja deine
mach damit was du kannst
kannst ja alles machen
sind ja deine kurze
beine
bin nicht neidisch
hab lang genug kurz

getragen
das war mir selber out
viel schöner jetzt der
blutanstrich an den stoppelstümmel
kurzbeine hatte schon mein opapa
meine omama
mein papapa und meine mutmama
alle mit kurze beine
ich nun gar keine mehr
kürzer als kurz
der kürzeste beinaushabende
der familie
muss gefeiert werden
doch ein ander mal
erst schau ich dir zu
wie du meine beine handhabst
wie du sie anziehst
überstreifst

ohh ein problem
du kannst sie nicht über deine
beine bekommen
weil die größer sind?
ohh na dann nehm ich die beine
zurück
aber nur deswegen

der ickel

ein morgendlicher spiegelblick
zieht als kontrolleur
über mein gesicht
findet einen ickel
ohne fahrschein und berechtigung
ein schwarzfahrer in meinem
gesicht

fest sitzt er
unabschüttelbar
für die polizei
in form von seife
machtlos

gerade an der schläfe!!
der ickel weiß
wo sichs schwazfahren
lässt
nur ein geübter spiegelblick
erkennt
die anhaftung des ickels

frech lacht der rote
kopf
spuckt an
wenn man ihn drückt

und doch

ist man froh
mit einem ickel zu fahren
denn die lechzen
nach junger haut
und wenn nur einer
im eigenen gesicht
hautschwarzfährt
darf man sich
"jung"
nennen

im unterbewussten

ahhhh
seit wochen
handel ich nur noch
unbewußt
keine ahnung was ich alles
gemacht habe
auch der text ist unbewußt
schießt heraus
unüberlegt
und ich unfragbar
was ich machte
gleite in
lichtgeschwindigkeit
von wort zu text
zu ganzes buch
voll
weiß ich doch nicht
denke weit
aber in strahlen
kein gedanke allein
strahlenweit
in alle richtungen
alles überlagert
mein kopf ist festgeharkt
und nahm

mir das bewußtsein

verlovt

der geflügelte amor
warf seine axt aus
federn auf mein herz
und nu bin ich verlovt

kam ganz überraschend
hatte nicht gesucht
und mich genau damit verdächtig
gemacht
und so hat sie mich gefunden

die love
dieses heitere beschwingte
pipapo-gefühl
dass einem eine Kapuze
über den kopf zieht
und im bauch detonationen
hervor ruft
dieses herzpochen in
jeder zelle
die sehnsucht die zerfrisst
und die gebündelte geborgenheit
die einen zerquetschen kann

was soll ich sagen
ich will den kelch nicht
verlovt ist unalternativ
denn das ist fast

jeder

wer verlovt ist
geht gefahr
dass er bald nicht
mehr verlovt ist
und dann aus dem siebten himmel
prächtig auf die schnauze
fällt

nee nee
da verschenk ich lieber
meine liebe
seinde zurück
adresse: amor
axt aus feder
aus meinem herz

ich kann nicht loven
dafür love ich mich zu
sehr

seh landschaft
seelandschaft
seeland schaft
seelandschaft
sehe das
schaffen
der
see, see
seelandschaft
schaffe tüchtige
landschaften
liebe see
seelandschaften

zum ansehen
und baden
mhhhh lecker baden
im land unter see
seelanschaft
von
see, see
seeland
erschaffen

seeland schaft
seelandschaft
was schaft
seeland?
war erst land
oder see?

wann heirateten sie
und brachten das kind
namens
see, see
seelandschaft

stehe in seeliger
seelandschaft
die see kitzelt
sehr
würde fehlen das see
würd ich stehen
auf sand
ohne seelandschaft
weil eben nur
see, see
seeland
see, see
seelandschaft
schaft

mhhhhhh lecker
baden in
sehr seeliger seeigelhaltiger
see, see, seelan, n, n, d,
schaft
seelandschaft
mhhhhhhhhhhhhhhhhhhhhhhhhhhhhhh
hhhh
seelandschaft

meine jünger

sehne dich
nach mir
bete und
murmel
meinen namen
beschwöre meine
fotos
liebkose mich
mit blüten

trete ein in
mein gedankenreich
fülle dein herz
mit meinem leben

wünsche mich
und ich werd kommen
um zu gewinnne
dich, dich und dich
werde zehren von deinen
gefühlen
mich laben an deinem
sein
die wärme aus dir
saugen

und mit all dem werd
ich dich glücklich

machen

du,du,du feldulmejünger
du

das denken

das denken
schwemmt vergessen an

unberührbares land

einst
millionen mal ertastet
farbensatt
gebraucht

wuchs mit den jahren
zu staub, wüste und
geröll

bis der berg kommt
und die demenz
die versteinerung
der tod

suche funken

was weh tut
ist der winter
in meinem herz
jetzt im sommer

was nützt all
die farbenpracht
wenn man augen
hat
die schwarz/weiß
sehen?

meine lust
ist nicht groß
oder klein
sie ist gar
nicht erst da

wenn man mich schätzt
weil ich es bin
und ich doch
eine maske trage
was nützt dann die
symphatie?

kein sonnenstrahl findet
zu mir
hundert kleine schwarze

löcher
saugen auf
was freude verspricht

warum ist plötzlich alles
so egal?
warum jetzt?

das feuer in mir
hat grauer regen gelöscht
genug brennmaterial ist da

es fehlt nur der funken

3 kleine worte

tiefe warme basstöne
in farben gefasst
auf die wand
gesprüht
drei wörter
drei verschiedene
farben
ein gefühl

thomas mag anja
schon viele maitage
ihr lachen
ihre stimme
und ihr haar
im sonnenlicht

nun hat er es
gewagt
drei wörter
gesprüht
gegenüber von
ihrem fenster
in drei farben
sonne
rosen
himmel

ohne seinen

ohne ihren namen
bevor sein
gefühl
zurückgewiesen wird
behält er es
für sich

sprüht
drei wörter
drei verschiedene farben
auf leblose wand

wo ist mein lachen

gut gesagt
geht es mir schlecht
nichts weiter
nur so eine trägheit
die immer
mehr
belastet
das ist ok
denn ist ja sommer
und da ist man doch immer
gut drauf
das gleicht
sich sicher
mit dieser schwere aus
das wird schon gehen

ist mir doch egal
was die leute sagen
wenn ich beim
brötchenholen
meinen weg
mit tränen bezahle

wann hab ich das letzte
mal gelacht
sind die muskeln
in meinem gesicht
betäubt

hab ich das lachen
verlernt

nicht einmal jetzt
auf komando
kann ich lachen
aber das geht morgen sicher
wieder

morgen
und wieder morgen
morgen, morgen, morgen
wieso ist das immer so
eintönig
jeder tag ist der andere
man wird nur älter
und trauriger
das kinderlachen
erreicht man nie mehr
nie mehr lacht
man so
die befangenheit
hat einen gefangen
man liegt in schamketten
an einen fels geschmiedet
und stirbt
wird krank vor trauer

sind das jetzt schon die ketten?
jetzt und hier?

haben sie meine züge schon
verschweißt?

ich will mein kinderlachen wieder
unbefangen
unüberlegt
und wenn nicht dieses
dann wenigstens mein altes
wo ist es hintergefallen?
hinter irgendeinen trüben gedanken?
werd wohl ne weile
suchen müssen
bis morgen
übermorgen
oder überübermorgen

sie muss nicht glänzen
sie ist licht
zwei kleine flammen
im gesicht
wenn sie wünscht
wird alles wahr
ist sie fern
träumt sie sich nah
sie singt für mich
macht alles weit
sind ein paar
aus zärtlichkeit

sie muss nicht glänzen
sie ist licht
für sie haben sorgen
kein gewicht
ihr lachen
nimmt mich in den arm
in schnee und eis
macht ihr dasein warm
spreche ihren
namen selbst im schlaf
ich bin immer das schwarze
sie das weiße schaf

sie muss nicht glänzen
sie ist licht

gibt alles
es gibt kein verzicht
macht um sich
alle herzen heil
verschlungene stunden
aus langeweil
uns wird immer reichen
"wir"
glücklich heißt
zusammen hier

das gehen

es sei der grund
für dieses schreiben
die stunden, jahre
die noch verbleiben

und auch die taten
die zu vollbringen
mir beschieden ist
und solchen dingen

werd ich mich ändern
werd ich so bleiben
und an welchen frauen
werd ich mich reiben

sterb ich mit neunzig
oder schon morgen
an krebs, altersschwäche
oder tut man mich morden

jedenfalls das ende kommt
das ist gewiss
und es ist der tod
der mich dann mit sich riss

ich selbst hätt nie
verlassen
all die mich lieben

und auch hassen

arztseelen

ein arzt erzählte mir
das nach jedem tod
er das fenster aufmache
das die seele
aus dem raum
in die höhe flöge

das war schön zu hören
denn wärme
zeigte es mir
in des menschenfleischers
geist

in dessen seele
sich mein geist
nur wenig
kraft vorstellen könnte
um bis in den himmel
zu kommen

verschmutzt durch
pfusch
durch eingriff in
gottes werk

sterben ärzte
kann man die fenster
geschlossen halten

und
einfach klebepapier
auf dem boden
ausrollen
nach einer stunde kann man
das papier in den müll
werfen
und fertig

die lüge

es sitzt eine lüge
gelangweilt des weges
pfeifft ein liedchen
und schaut aufs feld
sie wartet auf ein ehrliches opfer
eines in das sie fahren
und zum lügner machen kann
doch die meisten
die des weges kommen
sind schon von anderen
lügen beseelt

es ist schwer
in dieser zeit
noch ehrliche leere
menschen zu finden

nach drei stunden ist es ihr
überdrüssig noch länger zu warten
und sie fährt in eine kuh
die auf dem felde grast
die merkt nichts
senkt den kopf in die pflanzen
kaut schluckt
und muht zufrieden

"mäh"

arme kleine katze

arme kleine weiße katze
blau angelaufen liegt
sie da
die zunge draußen und
daneben eine tasse
voll mit kaviar

arme weiße kleine katze
tut nicht atmen
gar nicht mehr
und der fall ist völlig klar
gestorben durch den eiverzehr

"kleine arme weiße katze"
ruft das frauchen und
heult los
und ob sie wirklich tot
entscheidet dann ihr letzter
stoss

kleine weiße arme katze
die frau sieht die
tasse kaviar
rümpft die nase und bemerkt
"ich hatt doch kaviar
gar nicht da"

weiße arme kleine katze
es wird nun überprüft
mit einem stift
und siehe da
kaviar war rattengift

weiße kleine arme katze

hast wohl verwechselt
links mit rechts
rechts war futter
links war schlecht

leben

mir fehlt die hoffnung
für ein erfülltes leben
ein helles licht
das es zu erreichen gilt
oder ein seidenes band
das ich verfolgen kann

würde ich jetzt sterben
wäre es kein unterschied
zu bald
die trauer wäre die gleiche
und das erreichte
mit dem tod dahin

wäre die lust am leben nicht
hätte ich mir das leben genommen
als ich bewußt dachte
gäbe es die menschen nicht
die ich liebe
dann blieb mir verschlossen
der sinn

so jedoch
ist die ähnlichkeit
zwischen den wörtern
leben und liebe
eine gewollte

manchmal

manchmal
sind zwei
erschaffen
um eins zu sein

manchmal
finden sie sich
oder bleiben
unglücklich allein

manchmal
schaut man
in die nacht
schaut sich sterne an

manchmal
will man lieben
kosen, küssen, halten
und fragt sich wann

erwartet

man erwartet trost
von mir
ich bette deinen kopf
höre dir zu und trockne
deine tränen

man erwartet liebe
von mir
meine seele kuschelt mit der deinen
seh ich dich
so lächelt mein herz

man erwartet zärtlichkeit
von mir
hauche über deinen körper
koste dich
lass deinen leib erbeben

es wird erwartet
und ich gebe
es wird gebraucht
und ich bringe
es wird, es wird
und ich laufe, renne,
schleppe

ich erwarte trost
für mich

du hörst weg
erzählst von dir

ich erwarte liebe
für mich
du sagts ....

püttepistekippe

ich pfeife zwar
doch könnt ich weinen
ich lächele
aber es ist mir weh

du sollst nicht sehen
wieviel du mir bedeutest
sollst nicht triumphieren
"er weint mir nach. er hat mich
schon immer mehr geliebt als ich
ihn"

gehe zu feiern, betrinke mich
und wär doch am liebsten allein
suche trost bei anderen frauen
aber sie geben mir nichts

du sollst sehen
ich kann jede andere haben
sollst denken
"uhh die die er jetzt hat, ist
viel schöner als ich. vermisst er
mich gar nicht?"

lege meinen kopf in andere hände
die nicht so gut sind wie deine
höre musik die die anderen hören
vermisse unsere lieder

du sollst irgendwann merken
das ich mich nicht melde
das wird dich wieder anziehen
und dann stehst du vor meiner
tür und heulst

und ich werde dich vergessen haben

die rabenfabel

ein rabe sah dem schauspiel zu
wie georg mit dem drachen rang
nun ist der drache tot im nu
und die spur des blutes lang

noch steckt das schwert im grünen leib
und georg liegt daneben, schwitzt
dem raben tut der drache leid
und ist vom gemüt her, stark erhitzt

auf einmal dann ein vogelschrei
der georg der springt auf
in 10 sekunden alles vorbei
zu fest steckte des schwertes knauf

und hät der georg statt zu schwitzen
herausgenommen gleich sein schwert
würd er jetzt nicht tot da sitzen
und ich hät das hier wohl nicht erklärt

der rabe putzt den schnabel
ein letzter blick auf beide leichen
und damits wird ne lustge fabel
"nen raben dem muss jeder weichen"

die kirche

eine kirche mitten im wald
laubbäume schmiegen sich
an die grauen, hohen mauern
die wehenden blätter kitzeln die fenster
eichhörnchen huschen über das dach
und hüpfen dann wieder
ins blattgewühl
die sonne, die zwischen dem grün
hindurchscheint
malt kleine helle punkte auf das
gebäude

durch die fenster sieht man die
zipfel der brennenden kerzen
kein geschäftiges treiben
bricht die stille
die kirche ist ein teil des
waldes und hat sich angepasst
steht schon lange hier
hat auch ihre wurzeln in
die erde gestossen
mit jedem gebet
und mit jedem tag
den sie hier steht

es ist als schützen die bäume
die kirche
vor den menschen
als wenn sie selber lebe
und nicht gestört werden
will
und für wahr
es kommen nicht viele
am sonntage

man scheut das dickicht
durch das man muss
man scheut das brennesselmeer
und die wilden tiere

wer die kirche hier gebaut
hat es gut gemeint mit ihr

Ende